BERKELEY
em 90 minutos

F I L Ó S O F O S
em 90 minutos

. . . .

por Paul Strathern

Confúcio em 90 minutos
Sócrates em 90 minutos
Platão em 90 minutos
Aristóteles em 90 minutos
Santo Agostinho em 90 minutos
São Tomás de Aquino em 90 minutos
Maquiavel em 90 minutos
Descartes em 90 minutos
Spinoza em 90 minutos
Locke em 90 minutos
Leibniz em 90 minutos
Berkeley em 90 minutos
Hume em 90 minutos
Kant em 90 minutos
Hegel em 90 minutos
Schopenhauer em 90 minutos
Kierkegaard em 90 minutos
Nietzsche em 90 minutos
Wittgenstein em 90 minutos
Sartre em 90 minutos
Foucault em 90 minutos
Derrida em 90 minutos

BERKELEY
(1685-1753)
em 90 minutos

Paul Strathern

Tradução:
Cassio Boechat

Consultoria:
Danilo Marcondes
Professor titular do
Deptº de Filosofia, PUC-Rio

Jorge Zahar Editor
Rio de Janeiro

Título original:
Berkeley in 90 minutes

Tradução autorizada da primeira edição norte-americana publicada em 2000 por Ivan R. Dee, de Chicago, EUA

Jorge Zahar Editor Ltda.
rua México 31 sobreloja
20031-144 Rio de Janeiro, RJ
tel.: (21) 2240-0226 / fax: (21) 2262-5123
e-mail: jze@zahar.com.br
site: www.zahar.com.br

Projeto gráfico: Ana Paula Tavares
Ilustração de capa: Lula

Impressão: Cromosete Gráfica e Editora

CIP-Brasil. Catalogação-na-fonte
Sindicato Nacional dos Editores de Livros, RJ.

Strathern, Paul, 1940-
S891b Berkeley (1685-1753) em 90 minutos / Paul Strathern; tradução, Cassio Boechat; consultoria, Danilo Marcondes. — Rio de Janeiro: Jorge Zahar Ed., 2003 – (Filósofos em 90 minutos)

Tradução de: Berkeley in 90 minutes
Inclui bibliografia
ISBN 85-7110-694-0

1. Berkeley, George, 1685-1753. 2. Filosofia inglesa. I. Título. II. Série.

CDD 192
02-2148 CDU 1 (410)

SUMÁRIO

INTRODUÇÃO E RAÍZES DE SUAS IDÉIAS

Berkeley é o tipo de filósofo que dá má reputação à filosofia. Quando se lê o seu trabalho pela primeira vez, ele parece absurdo. E está certo, ele é. A filosofia de Berkeley nega a existência da matéria. De acordo com ele, não existe mundo material.

A filosofia moderna havia começado no século XVII com o filósofo francês René Descartes, que defendia que nosso único conhecimento de mundo verdadeiro era baseado na razão. Mais de meio século depois, esse cartesianismo, como foi chamado, foi contestado pelo filósofo inglês John Locke, que fundou o empirismo. Locke assumiu uma postura mais aceitável para o senso comum, afirmando que o nosso único conhecimento de mundo verdadeiro tem que ser baseado na experiência.

Tudo indicaria que a filosofia não fosse permanecer presa na camisa-de-força do senso comum por muito tempo. Apenas vinte anos após o *Ensaio sobre o entendimento humano* de Locke, apareceu o *Ensaio para uma nova teoria da visão*, de Berkeley, que libertou a filosofia do que muitos de nós consideramos a realidade. Isso conduziu o pensamento empírico de Locke para algumas conclusões um tanto distantes do senso comum. De acordo com Berkeley, se o nosso conhecimento está baseado inteiramente na experiência, somente podemos conhecer a nossa própria experiência. Na verdade, não conhecemos o mundo, apenas as nossas percepções particulares dele. Então o que acontece com o mundo quando não o estamos experimentando? No que nos diz respeito, ele simplesmente deixa de existir.

Portanto, de acordo com Berkeley, quando não se vê algo, esse algo não existe. Essa postura é adotada por crianças que tapam os olhos quando não querem comer espinafre e jiló. Quando já atingimos o sublime status em que comemos o nosso espinafre e os legumes separadamente (ou nem um pouco), geralmente é porque já superamos essa atitude. Mas para Berkeley não. Segundo ele, uma árvore não existe se não a vemos ou a apreendemos de outra maneira qualquer, como o toque ou o cheiro. Então o que acontece com a árvore? A posição de Berkeley é explicada de forma simples nas duas estrofes que se seguem:

Havia um jovem rapaz que disse, "Deus
Deve achar deveras estranho
Se descobrir que uma árvore desse tamanho
Segue ali estando
Quando no pátio já não há um só filho dos seus."

E a resposta:

Caro senhor:
O seu espanto é estranho:
Estarei sempre no pátio.
E é por isso que a árvore em seu tamanho
Seguirá ali estando
Desde que por mim observada.
Sinceramente,
DEUS.

Em outras palavras: podemos saber que o mundo existe somente quando o estamos percebendo. Porém, mesmo quando não estamos percebendo o mundo diretamente, ele está sustentado pela contínua percepção de um Deus que tudo vê.

A conclusão empírica de Berkeley (a inexistência da realidade permanente) e sua solução miraculosa (um Deus onipresente) soam como um sofisma. As sensibilidades de hoje, em sua maioria, não têm tempo para esse visível truque intelectual — que parece pertencer mais à Idade Média do que à nossa era da ciência. Então foi uma certa surpresa quando descobrimos que a física subatômica tem sido forçada a chegar a conclusões surpreendentemente parecidas com as de Berkeley. De acordo com o princípio da indeterminação de Heisenberg, não podemos medir simultaneamente o momento e a posição de uma partícula subatômica. Se um dos elementos é medido (ou seja, percebido), o outro permanece indeterminado. Nessas condições, de modo bem real, somente a qualidade que está sendo percebida (digamos a posição medida) é real, e a outra qualidade (o seu momento: massa e velocidade) não existe em qualquer forma determinável. Podemos apenas "conhecer" aquilo que estamos percebendo. O outro elemento de certo modo está "lá" (como se compreendido por um Deus que tudo vê), mas não pode vir a ter qualquer existência determinada até que o percebamos.

A filosofia de Berkeley apareceu para conduzir o empirismo a um extremo cômico. Contudo, quando levamos em conta todas as implicações dos nossos pressupostos do senso comum até as suas conclusões lógicas, o resultado geralmente pouco tem a ver com os pressupostos "óbvios" do senso comum de onde partimos. O senso comum é a maneira como tentamos nos conduzir em nossas vidas cotidianas. Mas, se queremos progredir além da imprecisão e da desordem da existência cotidiana para uma verdade um tanto mais exata, freqüentemente temos que abandonar o óbvio. Como Einstein observou: "O senso comum é o conjunto de preconceitos que adquirimos até os dezoito anos."

VIDA E OBRA

. . . .

Berkeley foi o primeiro (e último) irlandês a dar uma considerável contribuição à filosofia. Nasceu no dia 12 de março de 1685, na cidade de Kilkenny, sede do condado de mesmo nome, a aproximadamente 96 quilômetros a sudoeste de Dublin. Seu pai era um emigrante inglês monarquista que se referia a si mesmo como um cavalheiro, mas, na verdade, era um jovem oficial da cavalaria que se tornara um fazendeiro.

George Berkeley foi criado perto de Kilkenny, em uma casa de fazenda feita de pedra, às margens do rio Nore, junto às ruínas da torre do castelo Dysert. A casa deve ter sido originalmente uma das construções adjacentes do castelo e, hoje em dia, também está em ruínas. Na última vez em que visitei o lugar, tudo o que restava da casa de Berkeley eram algumas paredes caindo aos pedaços, cobertas por trepadeiras. Por todo o campo estavam as ruínas do castelo Dysert com corvos grasnando sobre suas fortificações. Abaixo das colinas cobertas pelas árvores, o sol poente reluzia na curva do rio. A paisagem não deve ter mudado quase nada desde os tempos de Berkeley.

Aos onze anos de idade, Berkeley foi mandado para o internato no Kilkenny College, a melhor escola da Irlanda na época. O satírico Jonathan Swift e o dramaturgo William Congreve haviam sido educados ali durante a década anterior. Aos quinze, Berkeley foi para o Trinity College, em Dublin, que havia sido fundado dois séculos antes pela rainha Elizabeth I para educar um dos seus jovens admiradores ignorantes.

Em 1704, com dezenove anos, Berkeley recebeu o grau de bacharel em artes. Tudo indica que foi um período divertido para ele, pois permaneceu em Dublin nos seis anos seguintes, "esperando por uma bolsa de estudos". Durante esse tempo, Berkeley começou a ler Locke e o filósofo francês Malebranche, o maior expoente do cartesianismo. Berkeley concordava com a crença empírica de Locke de que todo conhecimento vem dos sentidos, mas percebeu que isso resultava num materialismo que não deixava muito espaço para Deus. Por toda a vida, Berkeley continuou sendo um homem religioso sincero e resistiu tenazmente a qualquer tendência ao ateísmo. Mas como pôde ele manter o seu empirismo preservando ao mesmo tempo a crença em Deus?

Engenhosamente, Berkeley mostrou como a crença de Locke no materialismo estava equivocada. Apontou que devemos derivar nosso conhecimento da experiência, mas esta consiste somente em sensações. Não temos nenhum acesso a qualquer substância material subjacente que possa fazer essas sensações surgirem. Apesar de ser aparentemente um absurdo, esse argumento é profundo e levou Berkeley à célebre conclusão: *esse est percipi* (ser é ser percebido). A fórmula, triunfantemente, superava o materialismo, mas deixou Berkeley com um problema: o que se passava com o mundo quando ninguém o estava olhando? Como vimos, Berkeley sugeria que Deus estava sempre olhando. Ele extraiu essa visão de Malebranche, que sustentava que a mudança não é causada por objetos interagindo em uma relação de causa e efeito, mas pela contínua ação de Deus sobre o mundo.

Berkeley apresentou suas idéias no *Ensaio para uma nova teoria da visão*, que foi publicado em 1709, e no *Tratado sobre os princípios do conhecimento humano*, publicado em 1710. Esses trabalhos, que puxavam muito mais do que o tapete de filósofos antecessores, causaram impacto. No entanto, eles são de difícil entendimento, a não ser que se tenha a perseverança de um triatleta filosófico. Muitos leitores não passam do primeiro obstáculo, uma frase de abertura como: "É evidente para qualquer um que se dispõe a examinar os objetos do conhecimento humano que eles são *idéias*: (1) impressas nos nossos sentidos, ou, então, (2) percebidas em relação às paixões e operações mentais, ou, por último, (3) formadas com a ajuda da memória e da imaginação, tanto pela composição ou pela divisão quanto representando aquelas originariamente percebidas nos modos acima mencionados."

Felizmente, Berkeley também apresenta suas idéias em *Três diálogos entre Hylas e Philonous*. Esses são bem mais amenos e começam com Philonous se deparando com o insone Hylas sob o "céu púrpura" da aurora, tendo o "selvagem, porém belo chilrear de pássaros" se alvoroçando ao redor deles. Esses diálogos tornam claras as idéias de Berkeley, que, como vimos, começaram com o senso comum e depois chegaram ao incompreensível, o que é bem compreensível. Não havia razão pela qual a filosofia devesse se conformar com o senso comum (de fato, somente por breves períodos a filosofia esteve próxima dele), mas as pessoas pareciam esperar o contrário. Berkeley logo se tornou objeto do ridículo publicamente e, como resultado, foi solidamente defendido por todos os intelectuais anticonvencionais.

Não é de surpreender que muitos dos contemporâneos de Berkeley não o considerassem, absolutamente, um empirista, vendo-o como um consumado metafísico. Existe algo de verdadeiro nisso, apesar da insistência de Berkeley no contrário. O empirismo de Berkeley o reduz a um mero solipsista: aquele que acredita que só existe ele no mundo. Mesmo porque, se minha experiência é a única realidade, como posso saber se outra pessoa qualquer existe? Tudo o que experimento quando vejo outra pessoa qualquer é uma coleção de impressões. A partir disso, o senso comum pode me levar a inferir que essa outra pessoa existe exatamente da mesma maneira que eu. Porém, não experimento isso. É uma suposição que não se baseia em qualquer percepção minha.

De forma semelhante, a idéia de Berkeley de que o próprio mundo era sustentado pela contínua percepção de um Deus que tudo percebe não é, certamente, apoiada pela experiência. É metafísica: ou seja, vai além de qualquer conhecimento físico. Isso deixa Berkeley na curiosa posição de ser tanto um autêntico empirista como um autêntico metafísico — uma contradição aparente. Porém, essa contradição se situa bem no coração de nossa visão de mundo atual. A maior parte da filosofia moderna, bem como todo o pensamento científico, encontra-se numa posição semelhante. Antes de prosseguirmos para uma explicação mais racional e científica do mundo, devemos fazer diversas suposições abrangentes que não são provenientes da experiência, sendo portanto pressupostos metafísicos. Por exemplo, supomos que o mundo seja consistente. Disso partimos para supor que o mundo funciona conforme as leis da lógica, do modo como as concebemos. De maneira parecida, isso nos leva a crer que essa realidade, de certo modo extremamente precisa e intrínseca, está de acordo com a matemática. Uma suposição igualmente importante que fazemos é que o mundo, de certo modo, "equivale" à nossa percepção. Que experiência poderia nos revelar que nossas percepções têm algo, o que quer que seja, a ver com o que as motiva? (Um paciente com os olhos vendados sente uma dor localizada extremamente aguda. Ela pode ter sido causada por uma agulha, um eletrodo, uma picada de abelha, uma gota de ácido concentrado e assim por diante. O que a causou? A qual desses motivos a dor se *assemelha*? É claro que não se *assemelha* a nenhum deles. Somente se assemelha a sensações similares, não ao que quer que as tenha causado.)

Da mesma forma, outras suposições "óbvias" que fazemos sobre a nossa experiência não são garantidas. Pegue uma das leis básicas da lógica, a da identidade. Ela, basicamente, afirma que uma coisa é ela mesma e todo o resto não é aquela coisa. Uma coisa não pode ser ela mesma e também outra coisa ao mesmo tempo. Nós desobedecemos a essa lei toda vez que nos defrontamos com uma obra de arte. Uma paisagem pintada, por exemplo, é vista simultaneamente como sendo uma paisagem e como um pedaço de tela manchada com pigmentos coloridos. Pode-se argumentar que o que ganhamos com a percepção estética não é propriamente conhecimento. Ainda assim, ela permanece como um importante componente do modo como apreendemos o mundo pela percepção. Cada vez que olhamos para uma pintura, uma imagem numa tela ou mesmo palavras numa página dá-se um processo semelhante. Trata-se de uma parte central de nossa experiência e isso contradiz as leis da lógica.

Existem ainda outras evidências contrárias às nossas suposições pré-cognitivas, que são tudo menos inconscientes, no que diz respeito à consistência lógica e coisas como tal. Até mesmo a ciência deve acomodar a irracionalidade. Algo surpreendentemente semelhante também acontece na física quântica moderna — que afirma que a luz pode ser vista como ondas ou partículas. Isso desafia a consistência lógica (uma onda é simplesmente um movimento; uma partícula é um objeto). Tem-se argumentado que tais exceções servem simplesmente para reforçar a regra geral, no que diz respeito à consistência. Seja esse o caso ou não, elas certamente reforçam a noção de que a consistência lógica é um pressuposto metafísico — e, como tal, não mais (ou menos) sustentável do que a idéia de Berkeley segundo a qual o mundo é sustentado pela contínua percepção de um Deus que tudo percebe.

É interessante notar que essa última idéia (ou seu equivalente) tem uma longa tradição na matemática. Os antigos matemáticos árabes — que fizeram avanços nesse campo aprendendo praticamente sozinhos durante o período entre o declínio do mundo helenístico e a Renascença — desenvolveram sua própria filosofia matemática. Isso lhes fornecia um fundamento intelectual e espiritual para a matemática. De acordo com a filosofia deles, a matemática era o modo como a mente de Deus funcionava. E como Deus criou o mundo, este devia funcionar de acordo com a matemática. Aprendendo mais a respeito da matemática, estavam aprendendo mais a respeito da mente de Deus. Era uma idéia, ao mesmo tempo, profunda e bela — e, como tal, até se assemelhava à própria matemática!

Não é difícil discernir a sombra dessa idéia metafísica por trás da idéia de Berkeley de um mundo sustentado pela percepção de Deus. Essa noção árabe da matemática, de fato, subjaz à idéia de Berkeley. Como a contínua percepção onipresente de Deus, de fato, vê o mundo? Ora, de maneira tal que o mundo obedece às leis desse pensamento: ou seja, as leis da matemática e da ciência (ou natureza). Essas leis *são* a percepção de Deus. A noção árabe de matemática estava, é claro, enraizada na teologia islâmica, mas isso não evitou sua adoção pelo cristianismo. Na realidade, ela persistiu até bem depois que a matemática árabe foi superada pela tradição européia, que foi desenvolvida após a Renascença por gente como Descartes, Pascal e Fermat. O contemporâneo de Berkeley do século XVIII, Isaac Newton certamente acreditava nela.

Somente com o completo divórcio entre a teologia e a ciência é que essa noção foi substituída. A filosofia matemática moderna dispensa a idéia de Deus, o que a deixa em uma situação curiosa. Sem Deus, onde a matemática existe? E como existe? É simplesmente o nosso modo de ver o mundo? Em outras palavras, poderia haver uma outra forma de matemática para seres equipados com um aparato perceptivo diferente? Quando um matemático produz uma nova teoria, ele a descobriu ou a criou? Ela veio a aparecer pela primeira vez em sua cabeça, ou sempre esteve lá, em algum lugar, esperando ser descoberta? Em outras palavras, seria 2 + 2 = 4 verdade se não houvesse alguém (nem mesmo Deus) para pensá-lo? Estenda esse 2 + 2 = 4 para as "leis da natureza" e a enormidade do problema se revela.

Esses são os problemas fundamentais da realidade. A solução de Berkeley para esse problema pode parecer excêntrica e forçada, mas, pelo menos, responde a essas perguntas. Filósofos da ciência e da matemática contemporâneos ainda se vêem num dilema quanto a essa questão. Stephen Hawking, a propósito, termina seu livro *Uma breve história do tempo* afirmando que "se descobrirmos uma teoria completa" (isto é, de tudo), isso poderia nos levar a "conhecer a mente de Deus". Sem uma filosofia metafísica (como a de Berkeley) para apoiá-las, essas vãs afirmações de cientistas continuam vazias de qualquer significado.

Dada essa postura antimaterialista de Berkeley, pode parecer estranho que ele viesse a escrever uma obra intitulada *Tratado para uma nova teoria da visão*. Estaria toda a noção de visão vinculada intimamente à concepção de mundo científica e materialista? Há duas razões principais para a ênfase de Berkeley nesse assunto. Primeira: as recentes invenções do microscópio e do telescópio tinham revolucionado integralmente a idéia de "visão". Usando o telescópio, Galileu havia sido o primeiro a enxergar os anéis de Saturno. Hooke, contemplando o seu microscópio, foi o primeiro a ver o que chamou de "células" num organismo vivo. Qualquer filosofia tinha de levar em consideração essa expansão para os mundos micro e macro. (De acordo com a filosofia medieval, tudo no mundo havia sido criado por Deus com um propósito. Mas era difícil conceber de que forma coisas como as células e os anéis de Saturno tinham um propósito, uma vez que haviam permanecido desconhecidas e sem serem vistas desde os primórdios.)

Porém, Berkeley tinha uma necessidade ainda mais urgente para tratar do problema da visão. A nossa visão é o que mais nos convence da existência do mundo ao nosso redor. Assim que abrimos os olhos, nós o vemos. É claro que o mundo existe; nosso senso comum (estimulado por nossos olhos) nos diz isso.

Berkeley mergulha de cabeça nesse problema, por assim dizer. E sua análise empírica precisa das nossas condições perceptivas é tanto primorosa quanto (quase) convincente. Quando percebemos — quando vemos, tocamos, cheiramos e assim por diante — o que acontece? Existem apenas duas entidades participando desse processo, não mais. Há o sujeito da percepção e há aquilo que é percebido. O percebido consiste, para nós, de cor, forma, cheiro etc. Não existe tal coisa como uma matéria existente *além* do que percebemos. O que percebemos não tem "existência absoluta" além da nossa percepção da coisa. A sua existência é a nossa percepção. *Esse est percipi* (ser é ser percebido). Não existe matéria, somente percepção.

Podemos achar difícil (ou impossível na prática) conduzir a nossa existência cotidiana nesse nível. Porém, o argumento de Berkeley é quase impossível de ser refutado. Seu biógrafo A.A. Luce foi longe a ponto de defender que essa postura imaterialista adotada por Berkeley "nunca chegou a ser respondida, exceto por meio da deturpação e do ridículo". A maioria de nós prefere não adotar a posição ridícula de Berkeley e acreditar na deturpação do nosso senso comum. Contudo, se formos escrupulosos e rigorosos em nossa busca pela verdade filosófica, podemos chegar a uma postura semelhante à sustentada por Berkeley.

Nesse meio tempo, Berkeley se tornou um *fellow* do Trinity College e, em 1710, foi ordenado sacerdote da Igreja da Irlanda (protestante). Três anos mais tarde, decidiu tentar a sorte em Londres. Por volta dessa época, seus livros o haviam tornado famoso, e o irlandês que acreditava na inexistência da matéria se tornou foco das atenções durante a temporada social de Londres. Foi apresentado à corte por Jonathan Swift; bebeu vinho de Borgonha e champanhe no camarote do autor na noite de estréia da peça *Cato*, de Addison; e achou que sua perspicácia irlandesa era capaz de convencer os almofadinhas estilosos e os intelectuais dos cafés. De acordo com o poeta Alexander Pope, nada generoso em matéria de julgar personalidades, Berkeley possuía "toda virtude na face da Terra".

Tudo soa um pouco bem demais para ser verdade, mas não existe prova alguma que contradiga isso na biografia definitiva surpreendentemente sem graça escrita por A.A. Luce. (Durante meus anos de graduação no Trinity College, em Dublin, fui a palestras do reverendo Luce, na época um setuagenário animado e combativo. Ele decididamente aderiu à filosofia antimaterialista de Berkeley. Aqueles dentre nós que perversamente protestavam e sustentavam que devia haver algo como um mundo real eram desdenhosamente menosprezados como "materialistas".)

A biografia de Luce, que apesar da postura filosófica do seu autor traz um material bem rico, quase nunca capta a personalidade de Berkeley. De fato, há poucas fontes confiáveis que permitam indicar o que Berkeley realmente era como pessoa. Ele parece não ter se envolvido em situações cômicas. Não pairam dúvidas acerca de sua inteligência aguda (de que ele deve ter precisado para defender sua filosofia), e todos que o conheceram parecem ter se encantado com ele. Os retratos lhe conferem um ar de anônimo roliço, com peruca, e sua característica predominante parece ter sido uma aversão a livre-pensadores — uma quase universal aberração do período. Em outros aspectos, Berkeley dá a impressão de ter sido honesto, recatado (apesar de sua fama na sociedade), ainda que capaz de responder por si mesmo e, invariavelmente, motivado pelos mais altos princípios. Sua única falha parece residir em sua filosofia. Como afirmava seu contemporâneo, o dramaturgo irlandês Oliver Goldsmith, Berkeley era "o maior gênio ou o maior asno ... Aqueles menos familiarizados com ele o tinham como tolo", ao passo que era "um prodígio ao aprender e demonstrava boa índole para com aqueles que compartilhavam de sua amizade íntima". Aqui o homem e sua filosofia dão a impressão de ser um. Como vimos, há muito mais sobre a filosofia de Berkeley do que é imediatamente percebido, mesmo que fosse ele o primeiro a argumentar o contrário!

A preocupação mais urgente de Berkeley, nessa altura de sua vida, era a necessidade de um emprego. Felizmente, o seu influente amigo Jonathan Swift se empenhou em lhe arranjar um cargo como capelão do conde de Peterborough, o qual estava se preparando para se tornar embaixador no reino da Sicília. Berkeley acompanhou o conde ao exterior e, ao passar por Paris, aproveitou a oportunidade para visitar Malebranche, o discípulo de Descartes que tanto o tinha inspirado. (A maior parte das fontes concorda que esse encontro aconteceu na primeira viagem de Berkeley ao exterior, mas A.A. Luce, decidido a tornar a vida de Berkeley ainda menos exuberante, argumenta que ele sequer chegou a ocorrer. Estou convencido de que ocorreu, e nesse momento crítico da vida de Berkeley.)

Malebranche era um padre e, na época da visita de Berkeley, estava sofrendo de grave inflamação nos pulmões. De acordo com Stock, o antigo biógrafo de Berkeley, Malebranche estava em sua cela preparando algum medicamento quando Berkeley chegou. Começaram a conversar entre si sobre a impressionante nova teoria de Berkeley, que acabara de ser traduzida para o francês. Contudo, nas palavras de Stock, "o assunto do debate provou-se trágico para o pobre Malebranche. No calor da discussão, ele ergueu tanto o tom de sua voz e entregou-se tão livremente à impetuosidade natural de um homem talentoso e francês, que causou a si mesmo um agravamento da sua doença, o que fez com que morresse alguns dias mais tarde."

Felizmente para a filosofia, Berkeley não teve outras oportunidades de conhecer filósofos de ponta — e seguiu com o conde de Peterborough até Livorno. Ali descobriu-se que a carruagem do embaixador e suas insígnias cerimoniais não haviam chegado de barco, e ele se recusou a prosseguir e manter o seu compromisso até que estivesse adequadamente equipado. Depois de alguns meses de espera com o seu entediado empregador, Berkeley foi liberado e fez sua viagem de volta a Londres. Retornou bem a tempo para a fracassada Rebelião Jacobita de 1715, uma insurreição católica na Escócia que procurou reempossar Jaime II, que havia sido deposto em 1714.

Um ano após o retorno à Inglaterra, Berkeley obteve um cargo de acompanhante de viagem junto a um jovem deficiente físico chamado George Ashe, filho de um bispo irlandês, que planejava um grande *tour* pela Europa. "Cartas de crédito ilimitadas" foram providenciadas, e os dois partiram para uma viagem com duração prevista de quatro anos. (A diligência foi atacada por um lobo perto de Grenoble, Berkeley puxou sua espada, Ashe disparou sua pistola e o lobo "se retirou bastante calmamente, olhando para trás de quando em quando"). Cruzaram os Alpes sob uma tempestade de neve, e Berkeley caiu no sono numa série de concertos em Roma. Rodaram então pela Itália, que, naquela época, era uma espécie de parque temático cultural e de Disneylândia para os fúteis ricos do norte da Europa. Esses viajantes costumavam considerar as paisagens um tanto como consideramos Mickey Mouse e Pato

Donald, mas criaram o hábito de ficarem eufóricos ao verem a arte e a arquitetura produzidas por esses personagens de desenho animado. Em Ischia, Berkeley pegou o espírito da coisa com um pouco de exagero irlandês, afirmando que do topo da ilha "descortina a mais bela vista no mundo e abarca-se em um relance uma extensão da Itália de 500 quilômetros de alcance".

Em 1720, Berkeley retornou à Inglaterra e, um ano depois, publicou *De motu* (Do movimento). Nesse livro faz alguns pronunciamentos científicos importantes, rejeitando as idéias de Newton sobre o espaço absoluto, o movimento e o tempo. As observações de Berkeley estranhamente batem com as descobertas da física moderna. É difícil avaliar o quanto ele estava ciente do que dizia ali. Alguns sustentam que estava correto, mas por motivos totalmente equivocados; outros, que foi "o precursor de Mach e Einstein". Contudo, a meu ver, Berkeley estava, sobretudo, mais interessado em defender sua posição filosófica do que em esquematizar uma teoria da relatividade duzentos anos à frente do seu tempo.

O grande acontecimento de 1720, em Londres, foi a chamada South Sea Bubble, o primeiro grande fiasco financeiro do centro econômico da cidade. A companhia South Sea havia sido originalmente fundada para negociar escravos para a América do Sul. Por meio de vários conluios, baseados em informações no mínimo infundadas, as ações da companhia começaram a subir vertiginosamente. Investidores de toda parte se esgoelavam para comprar, e o preço disparou. Inevitavelmente, a bolha estourou e uma infinidade de investidores, grandes e pequenos, ficou arruinada. Na investigação que se seguiu, descobriu-se que o círculo de costume formado por ministros do governo, personagens do *establishment* e peritos das finanças havia estado envolvido na fraude. (Aqueles que continuam ingênuos sobre como tais coisas funcionam ficarão espantados ao saber que a South Sea Company continuou ativa por bem mais de um século, até 1853, época em que o trabalho do abolicionista William Wilberforce já havia, muito tempo antes, dado fim à ostensiva *raison d'être* da companhia.)

Esse episódio nada edificante teve um profundo efeito em homens decentes como Berkeley. Ele publicou *An Essay Towards Preventing the Ruin of Great Britain* (Ensaio para evitar a ruína da Grã-Bretanha) e um longo poema profético intitulado "Westward the Course of Empire Takes Its Way" (Para o Ocidente o curso do Império toma o seu rumo). (Como resultado do título, que se tornou um ditado popular entre os pioneiros norte-americanos que emigraram para a Costa Oeste, a cidade de Berkeley, na Califórnia, foi nomeada em homenagem ao filósofo.)

Berkeley estava, então, convencido de que o futuro da civilização não estava mais no arriscado Reino Unido e na Europa, mas na América do Norte. Decidiu emigrar e sugeriu um projeto para a construção de uma faculdade nas Bermudas. Ali "nas Ilhas do Verão", iria educar os filhos dos camponeses e dos índios nativos americanos. No período subseqüente à chamada South Sea Bubble, esse nobre projeto cativou a imaginação pública. Subscrições vieram de toda parte, o arcebispo de Canterbury se tornou curador e o Parlamento votou um subsídio de 20 mil libras esterlinas.

Ao mesmo tempo, Berkeley também recebeu uma herança no valor de 3 mil libras do testamento de uma mulher chamada Hester van Homrigh, que ele mal havia conhecido. Era a famosa "Vanessa" que havia se apaixonado pelo amigo de Berkeley, Swift. Como é de se esperar de um clérigo intelectual, a vida amorosa de Jonathan Swift foi praticamente um fiasco. Ele havia casado em segredo com sua meia-irmã (ou sobrinha) Stella, mas teve um caso com Vanessa (que já era casada) em Londres. Para sua desgraça, Vanessa o seguiu quando ele retornou para Dublin, onde se tornou deão da catedral de St. Patrick. Ela, por fim, teve um filho dele, que, provavelmente, foi criado por Stella (os detalhes são apropriadamente obscuros e controversos). Vanessa parece ter se voltado contra Swift antes de morrer e, ressentida, mudado seu testamento, favorecendo Berkeley.

Ninguém sabe ao certo por que Berkeley foi escolhido. Ele afirmava que "nunca em todo o curso de minha vida troquei uma só palavra com ela" — o que era uma lorota, porque havia sido apresentado a ela por Swift e havia jantado em sua casa algumas vezes. Não estamos sugerindo, contudo, que Berkeley tenha tido um caso passageiro com ela: ele não era, nem de longe, esse tipo de pessoa. Então, o mistério continua. Felizmente, a relação de Berkeley com Swift sobreviveu a esse episódio, e diz-se que Berkeley chegou a queimar uma série de cartas entre Vanessa e Swift que chegaram a ele como resultado da herança. Berkeley via todo o caso como um ato da Providência, para ajudar o seu projeto para as Bermudas.

Berkeley e Swift continuaram a ser amigos. Mesmo separados por dezoito anos de idade e uma completa disparidade de temperamentos, ambos mantinham interesses intelectuais excepcionalmente abrangentes. Nem sempre concordavam entre si, mas cada um reconhecia no outro uma mente de potencial suficiente para testar suas respectivas idéias. Ironicamente, no entanto, a posição filosófica de Berkeley no que diz respeito a idéias era, claramente, cética. "Se outros possuem essa maravilhosa faculdade de *abstrair suas idéias*, eles podem dizer melhor: quanto a mim, acho que possuo de fato uma faculdade de imaginar ou representar para mim mesmo as idéias daquelas coisas determinadas que percebi e, diferentemente, compô-las e dividi-las." Prossegue explicando como consegue imaginar um homem com duas cabeças, ou um centauro. Porém, suas partes, como as orelhas e olhos, sempre serão particulares em forma e cor. "De maneira semelhante à idéia de homem que componho para mim, deve ser um homem branco, ou preto, ou fulvo, um correto, ou trapaceiro, um alto, ou um baixo, ou um de estatura mediana." A imagem que imagina sempre será, precisamente, particular de acordo com suas qualidades perceptivas. "Não posso, por maior esforço de pensamento que faça, conceber a idéia abstrata."

Isso é típico do método particular e pessoal de Berkeley de argumentar. É rigidamente empírico. Ele argumentou a partir de sua própria experiência, e dela apenas. E, nesse caso, isso levou os críticos a sugerirem uma inusitada irregularidade no aparato perceptivo pessoal de Berkeley. Eles argumentam que não é comum experienciar coisas desse modo, que todos podemos formar uma idéia abstrata de um homem, uma maçã, um centauro e assim por diante. Mas será que podemos? É possível congregar uma idéia generalizada, vaga e momentânea de uma maçã. Porém, quanto mais de perto examinamos essa idéia, mais ela assume determinados traços — cor, tamanho e assim por diante. Esse argumento, por sua vez, parecia falhar em uma avaliação importante — com relação à nossa idéia de número. Nesse caso nossas idéias são inegavelmente abstratas e assim permanecem. Nossa idéia de quatro não assume particularidade qualquer por mais que pensamos nela.

Pense em 4 x 10. Durante a operação mental que dá a resposta para essa multiplicação, você particularizou o seu algarismo quatro como 4 ou 4? A maior parte das pessoas ou não consegue responder essa pergunta ou a acha irrelevante: o conceito de "quatro" dessas pessoas é uma idéia abstrata, não uma representação de um numeral. Aqui, eu sugiro, mesmo Berkeley teria abstraído sua idéia, usando uma habilidade mental que afirmava não possuir. É difícil entender como Berkeley pôde cometer esse erro, uma vez que, como veremos, tratava-se de um excelente matemático.

Para ser justo, Berkeley tinha uma resposta para tais objeções. Em concordância com sua postura filosófica geral, ele simplesmente argumenta que os números não existem. Essa é realmente uma postura original para um matemático assumir, mas não se pode negar que Berkeley a sustentou. Como vimos em nossa discussão anterior sobre a matemática árabe e a mente de Deus, o status filosófico da matemática vem sendo há muito tempo matéria de profundo debate. E muitos filósofos chegaram a muitas conclusões diferentes sobre isso. Porém, tudo indica que a questão devia ser *como* a matemática existe, e não *se* ela existe. Somente Berkeley parece pôr em questão essa última alternativa.

Por volta dessa época, Berkeley era um visitante freqüente na corte, onde a princesa de Gales mantinha um salão filosófico regular. Ela havia conhecido Leibniz e gostava de falar sobre filosofia; ainda que, ao que parece, tenha falado muita besteira em seus salões, e Berkeley estivesse entediado ao extremo. Contudo, sua socialização diplomática atingiria em breve os seus propósitos. Em 1724, foi nomeado Deão de Derry, um cargo relativamente bem remunerado, que assumiu enquanto esperava que detalhes do seu projeto das Bermudas fossem resolvidos.

Durante esse período, Berkeley conheceu Anne Forster, a filha do porta-voz do Parlamento Irlandês. Ela havia sido educada na França e é caracterizada pela maioria das fontes como "talentosa" e "adorável". Nada é mencionado a respeito de terem se apaixonado, mas eles, obviamente, tornaram-se amigos e, em 1728, casaram-se. No linguajar esportivo daquela época, eles formavam uma boa dupla. Muitos dos detalhes do projeto das Bermudas (exceto a vital verba estatal) haviam, então, sido solucionados. Com isso, Berkeley içou velas com sua esposa em direção à América.

O casal se estabeleceu em Rhode Island, onde Berkeley comprou cem acres de terra limpa (a dez libras o acre) com a idéia de transformar a gleba numa fazenda para sustentar a faculdade nas Bermudas. Também construiu uma casa para si, que chamou de *Whitehall* (inspirado no que era, então, o palácio real em Londres). Essa casa foi descrita por uma fonte contemporânea como "uma insípida casa de madeira", o que certamente não condiz com a realidade. Dirigindo por, aproximadamente, cinco quilômetros ao norte de Newport, em Rhode Island, ainda se pode vê-la nas periferias de Middleton. É uma simples porém sólida casa de campo de dois andares, feita de madeira; sua entrada, ornamentada com um frontão triangular neoclássico.

De acordo com fontes locais confiáveis, Berkeley tinha o hábito de andar até a praia Sachuest, perto dali, onde escreveria no abrigo de Hanging Rocks. Ele também pregava regularmente na Trinity

Church, em Newport, que havia sido construída uns dois anos antes de sua chegada e se espelhava nas igrejas que Christopher Wren havia erguido recentemente em Londres. Essa atraente igreja caiada ainda está de pé, e sua torre pontiaguda é uma referência local. Dentro há um órgão com a inscrição "Presente do Dr. George Berkeley, antigo Lorde Bispo de Cloyne". A filha caçula de Berkeley, que morreu durante essa época, está enterrada no adro da igreja.

De acordo com o censo realizado durante o período em que Berkeley esteve em Newport, a população consistia de "3.843 brancos, 949 negros e 248 índios". Newport era, então, uma das cidades que mais prosperava no país. O dinheiro pesado vinha da indústria naval — os barcos fazendo a viagem triangular para a África para pegar escravos, depois cruzando para as plantações nas Índias Ocidentais, onde vendiam os escravos e traziam para casa melaço, rum e dobrões de ouro. Berkeley rejeitava o comércio de escravos, mas não fez nenhum comentário a respeito durante a sua estadia. É possível que ele não tenha se dado conta do quão profundamente a cidade estava implicada nesse negócio. Tampouco tomou qualquer partido nas disputas religiosas que, às vezes, surgiam entre os batistas, os quackers e os presbiterianos locais, que, aparentemente, reuniam-se para vê-lo pregar.

Em geral, a viagem de Berkeley para os Estados Unidos foi uma perda de tempo. Depois de esperar por três anos, ele soube que o governo havia decidido não liberar verba nenhuma. (Ao invés disso, o dinheiro foi direcionado para necessidades mais urgentes e dado à princesa real à guisa de dote.) Berkeley retornou à Inglaterra, onde voltou a freqüentar a corte. A princesa de Gales tinha se tornado rainha e queria ouvir tudo sobre a sua incrível temporada nos Estados Unidos. Enquanto isso, Berkeley continuava com seus ataques aos livre-pensadores, publicando *The Analyst: or, a Discourse Addressed to an Infidel Mathematician* (O analista: ou Discurso para um matemático infiel).

O "matemático infiel" em questão era Edmund Halley, com cujo sobrenome o cometa foi batizado em sua homenagem. Halley era um dos principais talentos científicos de sua época. Não só havia sido o primeiro a calcular a órbita de um cometa, como era também suficientemente gabaritado para corrigir as provas dos *Principia* de Newton. Até onde pude descobrir, a única gafe de Halley foi sua tentativa de considerar a meteorologia como uma ciência séria. Mas, na concepção de Berkeley, ele havia feito algo muito pior ao expressar a opinião de que "as doutrinas do cristianismo são incompreensíveis, e a própria religião é uma impostura". Isso era demais para

Berkeley, cuja tese principal no *Discourse* era de que a religião não era menos compreensível do que a matemática. De acordo com Berkeley, tanto a matemática como a religião se apoiavam em alicerces que permaneciam igualmente além de nossa compreensão. De fato, Berkeley deu um passo à frente. Em concordância com sua alegação de que números não existem, passou a tentar *refutar* a matemática. O fato de que fez uso da matemática para isso não parece tê-lo incomodado nem um pouco.

Apesar de tais flagrantes absurdos, o argumento de Berkeley permanece tendo profunda importância filosófica. De fato, seu trabalho foi aclamado pelo historiador da matemática Florian Cajori como "o evento mais espetacular do século na história da matemática britânica". Considerando que o século XVIII também testemunhou a matemática de Newton, pode-se somente supor que Cajori concordou que Berkeley foi bem-sucedido em sua refutação. Ter contribuído para o avanço da matemática com tal consumada habilidade como Newton, um dos maiores gênios da matemática de todos os tempos, era uma coisa. Ter colocado um ponto final em toda a empreitada teria sido certamente o evento mais espetacular do século na matemática.

O principal ataque de Berkeley à matemática está centrado na noção de infinito. De acordo com a matemática, uma reta de comprimento finito pode ser subdividida em um número infinito de segmentos infinitamente pequenos. (O cálculo, que havia sido recentemente descoberto por Newton e por Leibniz, é baseado neste princípio.) Berkeley argumentava que a idéia de uma reta de comprimento finito infinitamente divisível era contraditória em si mesma. A divisão da reta deve continuar indefinidamente (para que consista de segmentos infinitamente pequenos), porém, ao mesmo tempo, deve também parar abruptamente (porque a reta chega a um fim). Não se pode ter os dois.

De maneira semelhante, Berkeley argumentou, que se uma reta finita consiste de partes infinitamente pequenas, essas partes devem, em algum estágio, assumir comprimento finito. Em que ponto esses segmentos infinitamente pequenos "crescem" em segmentos de comprimento finito? Assim que constituem um segmento finito do todo, seja ele muito pequeno, este segmento também é infinitamente divisível. Então, eles só se tornam finitos quando constituem toda a reta finita? Mas e se a reta fosse um pouco menor? Tais questões podem continuar *ad infinitum*...

A resposta de Berkeley é tão simples quanto lógica. Não existe tal coisa como a divisibilidade infinita. Logo, de acordo com as leis da lógica, a divisibilidade seria, com isso, finita. Isso quer dizer que no fim devemos ter distintos "átomos" de comprimento. Berkeley estava ciente de que tal forma de pensar levava a algumas conclusões estranhas. Por exemplo, o método geométrico de Euclides de dividir uma reta em dois segmentos iguais caía por terra. Por quê? Porque isso era impossível se a reta fosse composta por um estranho número de átomos de comprimento indivisíveis.

As objeções de Berkeley à matemática, na verdade, provaram ser irrefutáveis. Ele tinha, à sua maneira, "invalidado" a matemática. Sendo um matemático de certa habilidade, naturalmente queria admitir que a matemática "funcionava". Mas havia, quanto a isso, provado o seu argumento: a matemática estava baseada em mistérios tão insondáveis quanto aqueles da religião. Da forma como aconteceu, a "refutação" de Berkeley à matemática ficaria sem resposta por bem mais de um século. Até o descobrimento da geometria não-euclidiana não se havia concluído que o espaço matemático e o espaço real eram duas entidades completamente diferentes. A divisibilidade infinita era bem possível no espaço matemático, mesmo que na realidade tal coisa fosse impossível.

Como já vimos, Berkeley também iniciou um audacioso ataque filosófico contra a ciência em *De motu*. Esse ataque tanto estava à frente do seu tempo como era coerente com sua filosofia essencialmente não-científica. A teoria da gravidade universal de Newton incluía as noções de movimento absoluto e espaço absoluto. Em outras palavras, uma quantidade de espaço, tal como um determinado comprimento, poderia ser medida em relação a uma escala absoluta imutável. O mesmo se aplicava a uma quantidade de tempo. Ambas entidades eram totalmente fixas!

Berkeley sugeriu que não existia algo como um movimento absoluto, este devendo sempre ser relativo e sempre envolver entidades físicas. O movimento era o modo como o mundo era percebido pelo "Autor da Natureza". No decorrer dessa argumentação assim Berkeley se referia a Deus. Equacionar o "Autor da Natureza" com "as leis da natureza" faz com que a filosofia de Berkeley seja mais agradável e compreensível para a sensibilidade moderna. Mas o próprio Berkeley, certamente, não aceitaria a identidade desses dois conceitos.

Como o movimento não era absoluto, não poderia ser separado do mundo. O mesmo valia para o espaço absoluto. Era simplesmente uma idéia abstrata — que, distinta da suposta idéia abstrata de uma maçã, não podemos revestir com particularidades. Quão grande é esse espaço absoluto? Com o que se parece? Como é possível percebê-lo? Também o espaço era relativo e parte do mundo: também era o modo como o Autor da Natureza percebia o mundo. As idéias de Berkeley acerca dessas questões foram praticamente ignoradas pelos cientistas até o começo do século XX. A teoria da relatividade de Einstein vê o espaço e o movimento de modo análogo ao concebido por Berkeley, ainda que sem os pressupostos imaterialistas de Berkeley.

Como resultado das infindáveis horas de tédio passadas na corte real, Berkeley foi, posteriormente, favorecido com uma nomeação. Tornou-se bispo de Cloyne, uma diocese no sudoeste da Irlanda. Esse histórico episcopado havia sido fundado no século VI por São Colman, que abandonou a igreja indignado porque achava que a data da Páscoa havia sido marcada no dia errado. Mais uma vez, Cloyne teria um bispo que acreditava que o resto do mundo vivia no tempo errado.

Berkeley e sua família (que agora incluía várias crianças) partiram pelo mar até Dublim e, então, fizeram a longa jornada para sudoeste, através das montanhas Knockmealdown, até a remota cidadezinha de Cloyne. Ali Berkeley viveria pelos próximos dezoito anos (1734-52) na Seehouse. (O prédio em que vivia pegou fogo em 1870, mas a nova e simples Seehouse é tida como muito parecida.) Seus seis filhos cresciam, sua mulher cuidava da fazenda (que empregava mais de cem pessoas), e a família se tornou o foco da vida social local — e também centro de caridade durante os pesados invernos e quando a produção de batatas não ia bem.

Devemos lembrar que Berkeley era protestante e membro da linhagem anglo-irlandesa. A população católica, que era maioria, vivia subjugada e, geralmente, em condição de extrema pobreza. Eram vítimas do preconceito racial inglês e do medo de uma invasão católica a partir da Europa usar a Irlanda como porta de entrada para a Inglaterra. Berkeley, com seu amigo Swift e outros pensadores anglo-irlandeses conscientes, estava estarrecido com o tratamento dispensado à classe dos camponeses irlandeses, que freqüentemente resultava numa fome generalizada. Swift, em seu panfleto *Uma modesta proposta*, sugeriu uma solução para esse problema: não havia necessidade alguma de haver fome na Irlanda, porque o povo irlandês podia facilmente se alimentar se comessem as suas próprias crianças. Mas mesmo esse amargo sarcasmo falhou no sentido de alertar a opinião popular na Grã-Bretanha.

(Uma interpretação marxista do pensamento de Berkeley afirma que toda a sua filosofia é um reflexo dessa situação política. Quando não se vê uma coisa, ela não existe. Ignore os pobres e eles não existem.

Assim como muitas dessas interpretações, esta é bastante engenhosa, capaz de fornecer incontáveis *insights* intrigantes — nos âmbitos político, psicológico e filosófico —, e extremamente espúria. Afinal, de maneira nada engenhosa, ignora a incansável campanha de Berkeley em prol do povo irlandês. Tais idéias pertencem mais ao domínio da arte que ao da interpretação.)

O interesse de Berkeley pelas questões sociais foi muito além dessa campanha. Seu conhecimento prático dos assuntos irlandeses o levou a imaginar métodos para remediar a situação difícil de seu país. Esses métodos formaram a base de *The Querist* (O indagador), publicado em 1737. Na época, o pensamento econômico ainda engatinhava. *A riqueza das nações* de Adam Smith, que é geralmente reconhecida como a obra inaugural da economia clássica, não seria publicada antes de 1776, quase quarenta anos mais tarde. No entanto, algumas das idéias de Berkeley mostram um entendimento profundo e imaginativo de como o comércio funcionava e de como a prosperidade poderia ser mais bem promovida. Nesse aspecto pode-se dizer que o pensamento de Berkeley está de acordo com a famosa máxima de Marx: "Os filósofos têm somente interpretado o mundo de diversas maneiras; a questão é transformá-lo." É claro que Berkeley não foi nenhum precursor do marxismo e, como vimos, o principal objetivo de sua filosofia consistia em interpretar o mundo.

The Querist assume a forma de seiscentas "indagações", cada qual pretendendo ser de natureza penetrante ou retórica. Berkeley estava entre os primeiros a reconhecer que o ouro não é uma medida real de riqueza, tanto numa escala nacional como pessoal. A real virtude do ouro é o uso que lhe pode ser conferido. Uma indagação pergunta retoricamente: "Haverá qualquer virtude no ouro ou na prata além da de colocarem as pessoas a trabalhar ou gerar indústria?" A riqueza de um país está em seu trabalho, no labor de seus cidadãos. Berkeley pergunta eficazmente: "Terá havido em algum momento, ou haverá, uma nação trabalhadora pobre ou uma rica e ociosa?" Na visão de Berkeley, os problemas da Irlanda derivavam, em larga escala, da preguiça e da postura retrógrada de sua população nativa — embora reconhecesse que isso não fosse culpa dela mesma. A Irlanda sofria porque uma grande proporção das terras era possuída por proprietários ausentes que viviam na Inglaterra, que consideravam seus latifúndios rurais meramente como uma fonte de renda. O descaso com essas propriedades gerava uma população miserável e deprimida. Como um corolário, o país também sofria com o excesso de exportações em detrimento das importações úteis, o que prejudicava o comércio. A compaixão cristã e a inclinação pessoal levaram Berkeley a uma conclusão fundamental. O objetivo de toda política econômica devia ser o bem-estar daqueles menos privilegiados. Perguntou: "Pode ser chamado de pobre um povo comumente bem alimentado, vestido e com habitação?" A miséria e a fome, tormentos da Irlanda, podiam ser eliminadas.

Berkeley também reconheceu a importância dos bancos no estímulo ao mercado. Seria "o maior incentivo ao comércio se a propriedade pudesse ser prontamente transferida e garantida por uma *comte en banc* [conta bancária], ou seja, apenas escrevendo o nome de um homem no lugar de outro no registro de um banco". Bancos centrais já haviam sido criados com sucesso em Amsterdã, Londres e Hamburgo, embora a idéia não tivesse funcionado na França — onde o primeiro banco nacional havia entrado em colapso causando um desastre financeiro ainda maior que a South Sea Bubble (que estourou no mesmo ano). O Banco da Inglaterra, por sua vez, havia provado ter capacidade de recuperação suficiente no episódio da South Sea Bubble. Berkeley defendeu a instalação de um Banco Nacional na Irlanda.

A filosofia econômica e financeira de Berkeley despertou muito interesse. Houve nada menos que dez edições de *The Querist* publicadas em sua vida, e Adam Smith foi muito provavelmente influenciado por algumas de suas idéias. Mas a ênfase de Berkeley na Irlanda e em sua situação específica significava que suas idéias não alcançavam a influência abrangente que muitas teorias econômicas menos embasadas na realidade. Apesar disso, suas idéias eram visionárias. Durante os anos cruéis da Segunda Guerra Mundial, quando a neutra Irlanda foi isolada e atingida pela pobreza, foi até feita uma tentativa vã para revitalizar a economia, aplicando algumas de suas idéias.

No fim de sua vida, Berkeley ficou interessado pela arte. Entre os quadros na Seehouse estava um Van Dyck, e entres os membros domésticos estão listados um mestre de música e um tutor artista. O bispo parece ter mantido uma residência grande e muito eclética. Um "patriota" local veio de passagem e nunca se foi; dois clérigos se agregaram e parece ter havido um grande número de "tias", para não falar dos criados, meia dúzia de crianças, vários cachorros de pedigree e obediência duvidosos, uma ovelha de estimação adornada com fitas e um macaco. Na única ocasião em que a família saiu de férias em Killarney, o grupo principal do bispo requeria quatorze camas (sem incluir as acomodações dos criados e funcionários).

Enquanto isso, o próprio Berkeley ia pouco a pouco se deteriorando. Atingia, então, a casa dos cinqüenta anos e, inegavelmente, tinha a aparência de um homem de meia-idade. De acordo com a maioria das fontes, levava uma "vida sedentária" — praticamente não fazia exercício algum, engordou e sofria de crescentes problemas respiratórios e circulatórios bem como de acessos de "cólica nervosa". Também ficou um pouco maluco. Alguns afirmam que essa excentricidade branda era cultivada, outros dizem que era natural, ainda outros, que o seu comportamento era incrivelmente normal para um membro da instituição clerical da época. Em 1744, publicou um tratado chamado *Siris, A Chain of Philosophical Reflections and Inquiries Concerning the Virtues of Tar Water* (Siris, uma cadeia de reflexões e indagações filosóficas sobre as virtudes da infusão de alcatrão). Estava convencido de que a infusão de alcatrão era a cura para todos os males. Não havia qualquer segredo ou complexidade com relação a esse remédio miraculoso, que era somente o que dava a entender que era: alcatrão e água. Existiam várias receitas para o seu preparo, que sempre resultavam na mesma coisa. Alguns sugeriam que se fervesse o alcatrão na água; outros que ele fosse triturado antes. Então, deveria se deixar a água descansar por vários dias e depois, simplesmente, bebê-la — presume-se que a borra deveria ser jogada fora, a menos que se quisesse ter os dentes pretos.

O tratado de Berkeley sobre a infusão de alcatrão foi um sucesso de vendas imediato em toda a Inglaterra. As pessoas começaram a tomar a infusão até nos chiques cafés de Londres. Indigestão, complicações do fígado, gota, meningite, hidropisia — tudo era aliviado por essa maravilha curativa, a julgar pelas cartas de gratidão que Berkeley recebeu.

Enquanto isso, ele continuava a levar a vida de um bispo irlandês do interior. Para amenizar a pobreza no distrito, passou a usar roupas feitas de materiais locais pelas esposas dos criadores de porcos e dos produtores de batata. Uma descrição contemporânea de sua aparência fala de "roupas danificadas e perucas ainda piores". Ele apreciava uma noite com seus camaradas, quando "injuriavam os holandeses e admiravam o Rei da Sardenha". E recebeu a visita de um gigante irlandês local, Cornelius Magrath, que tinha quase dois metros e quarenta centímetros de altura com somente quinze anos de idade. E, então, um dia, Berkeley concluiu que bastava. Empacotou as coisas da casa e partiu com mulher e filhos para Oxford.

O ano era 1754 e ele estava com quase setenta anos de idade. Seu estado físico havia piorado a ponto de ter que ser carregado por uma liteira puxada por cavalo. Em Oxford, fixou residência em Holywell Street com o intuito de estudar em Christ Church, onde o seu filho George estava matriculado. Berkeley era um pai tolerante e precisava ser: seu filho tinha gostos caros. Certo dia, o jovem George chegou em Holywell Street para apresentar suas contas ao pai e anunciou: "Estou envergonhado, senhor, em dizer que gastei seiscentas libras em seis meses." Berkeley respondeu: "Não no vício, tenho certeza, meu filho." Aceitou então as contas, verificou se estavam pagas e queimou sem mais perguntas. (Essa soma deve ter envolvido certas prodigalidades, mesmo para aquela época: podia ter comprado vários cavalos de corrida.)

Cinco meses após a chegada de Berkeley a Oxford, numa noite de inverno, sua filha estava lendo um sermão para ele, que permanecia esticado no sofá. Quando terminou, ele já estava frio; suas juntas, rígidas. O bom bispo estava morto.

Recentemente, a nova biblioteca do Trinity College, em Dublin, foi batizada de Berkeley — um tributo merecido. Em seu tempo, Berkeley havia lembrado: "A Umidade e os refúgios mofados da Biblioteca [estavam] sem fogo ou qualquer outra coisa para Me proteger das Lástimas da Neve que constantemente caíam pelas Janelas e forçavam Passagem para dentro da deplorável mansão." Talvez essas condições tenham sido necessárias para inspirar a filosofia que afirmava que o mundo material não existe — desde que você o ignore.

CITAÇÕES-CHAVE

. . . .

É evidente para qualquer um que se dispõe a examinar os objetos do conhecimento humano que eles são *idéias*: (1) impressas nos nossos sentidos, ou, então (2) percebidas em relação às paixões e operações mentais, ou, por último, (3) formadas com a ajuda da memória e da imaginação, tanto pela composição ou pela divisão quanto representando aquelas originariamente percebidas nos modos acima mencionados.

— *Tratado sobre os princípios do conhecimento humano*, Parte 1, Seções 1, 2

Digo que existe a mesa onde escrevo — quer dizer, vejo-a e sinto-a; e se estiver fora do meu gabinete digo que ela existe, significando assim que se lá estivesse vê-la-ia, ou que outro espírito atualmente a vê. Houve um odor, isto é, cheirava alguma coisa; houve um som, isto é, ouviu-se algo; uma cor ou uma forma, isto é, foi percebida pela vista ou pelo tato. É tudo o que posso entender por esta e outras expressões. O que se tem dito da existência absoluta de coisas impensáveis sem alguma relação com o seu ser-percebidas parece perfeitamente ininteligível. O seu *esse* é *percipi*, nem é possível terem existência fora dos espíritos ou coisas pensantes que os percebem.

— *Tratado sobre os princípios do conhecimento humano*, Parte 1, Seção 3

A conexão das idéias não implica a relação de causa e efeito mas somente a de uma marca ou um *sinal* da coisa *significada*. O fogo que vejo não é causa da dor sentida se me aproximar mas o sinal para me acautelar dele ... A razão por que as idéias se formam em máquinas, isto é, regulares e artificiais combinações, é a mesma que combina letras em palavras ... Daí ser evidente que as coisas quando abrangidas na noção de causa cooperadora ou concorrente na produção dos efeitos são inexplicáveis ... procurar entender essa linguagem (se puder chamá-la assim) instituídas pelo Autor da natureza, tal deve ser o esforço do filósofo natural; e não pretender explicar coisa por causas corpóreas, doutrina que parece ter afastado a mente humana do seu princípio ativo, o Supremo e sábio Espírito "em que vivemos, nos movemos e somos".

— *Tratado sobre os princípios do conhecimento humano*, Parte 1, Seções 65, 66

Há verdades tão óbvias para o espírito que ao homem basta abrir os olhos para vê-las. Entre elas muito importante é saber que todo o firmamento e as coisas da terra, numa palavra, todos os corpos de que se compõe a poderosa máquina do mundo não subsistem sem um espírito, e o seu *ser* é serem percebidas ou conhecidas;

conseqüentemente, enquanto eu ou qualquer outro espírito criado não temos delas percepção atual, não têm existência ou subsistem na mente de algum Espírito eterno; sendo perfeitamente ininteligível e abrangendo todo o absurdo da abstração atribuir a uma parte delas existência independente do espírito.

— *Tratado sobre os princípios do conhecimento humano*, Parte 1, Seção 6

Descrição de James Boswell da famosa "refutação" de Berkeley pelo Dr. Johnson, que, evidentemente, parecia igualmente "óbvia e próxima da mente" do seu demonstrador:

Depois que saímos da igreja, ficamos conversando por algum tempo sobre a engenhosa sofística do bispo Berkeley para provar a não-existência da matéria, e que todas as coisas no universo são meramente ideais. Observei que, embora estejamos convencidos de que a sua doutrina não é verdade, é impossível refutá-la. Nunca me esquecerei da alacridade com que Johnson respondeu, batendo o pé com vigorosa força contra uma grande pedra, até retrucar: "Eu a refuto *assim*."

— James Boswell, *Vida de Johnson*

Uma crítica mais efetiva de um contemporâneo de Berkeley, que era mais perceptivo quanto às direções em que o pensamento humano estava evoluindo:

"Ao desistir do mundo material, que pensou que pudesse ser dispensado sem perdas, e até com vantagens, Berkeley esperava proteger o mundo dos espíritos por uma partição inabalável. Porém, ai!, o *Tratado do conhecimento humano* destruiu os alicerces dessa fronteira e afogou tudo em um único dilúvio universal."

— Thomas Reid,
An Inquiry into the Human Mind

A crítica moderna de Bertrand Russell a Berkeley, referindo-se aos Três diálogos entre Hylas e Philonous*:*
Philonous diz: "O que quer que seja imediatamente percebido é uma idéia: e pode alguma idéia existir fora da mente?" Isso iria requerer uma longa discussão sobre a palavra "idéia". Se sustentássemos que o pensamento e a percepção consistem numa relação entre sujeito e objeto, seria possível identificar a mente com o sujeito e sustentar que não existe nada "na" mente, mas somente objetos "perante" ela.

— Bertrand Russell,
História da Filosofia Ocidental

John Wheeler, o físico norte-americano contemporâneo que cunhou o termo "buraco negro":
Nenhum fenômeno é um fenômeno *real* até que seja um fenômeno *observado* [grifos dele].

CRONOLOGIA DE DATAS SIGNIFICATIVAS DA FILOSOFIA

. . . .

séc. VI a.C.	Início da filosofia ocidental com Tales de Mileto.
fim do séc. VI a.C.	Morte de Pitágoras.
399 a.C.	Sócrates condenado à morte em Atenas.
c.387 a.C.	Platão funda a Academia de Atenas, a primeira universidade.
335 a.C.	Aristóteles funda o Liceu em Atenas, escola rival da Academia.
324 d.C.	O imperador Constantino muda a capital do Império Romano para Bizâncio.
400 d.C.	Santo Agostinho escreve as *Confissões*. A filosofia é absorvida pela teologia cristã.
410 d.C.	O saque de Roma pelos visigodos anuncia o advento da Idade das Trevas.

529 d.C.	O fechamento da Academia em Atenas, pelo imperador Justiniano, marca o fim do pensamento helenista.
meados do séc.XIII	Tomás de Aquino escreve seus comentários sobre Aristóteles. Era da escolástica.
1453	Queda de Bizâncio para os turcos, fim do Império Bizantino.
1492	Colombo chega à América. Renascimento em Florença e renovação do interesse pela aprendizagem do grego.
1543	Copérnico publica *De revolutionibus orbium caelestium* (*Sobre as revoluções dos orbes celestes*), provando matematicamente que a Terra gira em torno do Sol.
1633	Galileu é forçado pela Igreja a abjurar a teoria heliocêntrica do Universo.
1641	Descartes publica as *Meditações*, início da filosofia moderna.
1677	A morte de Spinoza permite a publicação da *Ética*.
1687	Newton publica os *Principia*, introduzindo o conceito de gravidade.
1689	Locke publica o *Ensaio sobre o entendimento humano*. Início do empirismo.

1710	Berkeley publica os *Princípios do conhecimento humano*, levando o empirismo a novos extremos.
1716	Morte de Leibniz.
1739-40	Hume publica o *Tratado sobre a natureza humana*, conduzindo o empirismo a seus limites lógicos.
1781	Kant, despertado de seu "sono dogmático" por Hume, publica a *Crítica da razão pura*. Início da grande era da metafísica alemã.
1807	Hegel publica *A fenomenologia do espírito*: apogeu da metafísica alemã.
1818	Schopenhauer publica *O mundo como vontade e representação*, introduzindo a filosofia indiana na metafísica alemã.
1889	Nietzsche, após declarar que "Deus está morto", sucumbe à loucura em Turim.
1921	Wittgenstein publica o *Tractatus logico-philosophicus*, advogando a "solução final" para os problemas da filosofia.
década de 1920	O Círculo de Viena apresenta o positivismo lógico.
1927	Heidegger publica *Sein und Zeit* (*Ser e tem-*

po), anunciando a ruptura entre a filosofia analítica e a continental.

1943 Sartre publica *L'être et le néant* (*O ser e o nada*), avançando no pensamento de Heidegger e instigando o existencialismo.

1953 Publicação póstuma de *Investigações filosóficas*, de Wittgenstein. Auge da análise lingüística.

CRONOLOGIA DA VIDA DE BERKELEY

. . . .

1685 Nasce no dia 12 de março, no castelo Dysert, em Kikenny, Irlanda.

1696 Vai para o Kilkenny College.

1700 Ingressa no Trinity College, de Dublin.

1704 Forma-se com o grau de bacharel em artes (B.A. degree) no Trinity College.

1707 Publica *Arithmetica*. É eleito *fellow* do Trinity College, em Dublin.

1709 Publica o *Ensaio para uma nova teoria da visão*, sua primeira grande obra filosófica.

1710 Ordena-se padre. Publica a primeira parte do *Tratado sobre os princípios do conhecimento humano*, em que desenvolve sua nova filosofia.

1713 Publica os *Três diálogos entre Hylas e Philo-*

nous, que estabelece o seu materialismo em forma literária. Por volta dessa época, já é famoso por toda a Europa.

1713- 14 Viaja à França e se encontra com Malebranche alguns dias antes da morte do filósofo francês.

1716-18 Trabalha como acompanhante de viagem do deficiente físico George Ashe, num grande *tour* pela Europa.

1724 Deixa o Trinity College após vinte e quatro anos para se tornar deão de Derry.

1728 Casa-se com Anne Forster, filha de um juiz. Embarca para os Estados Unidos, fixando residência em Providence, Rhode Island, enquanto espera implantar um projeto de faculdade nas Bermudas.

1731 Retorna a Londres após o fracasso no levantamento de verbas para a faculdade nas Bermudas.

1734 É nomeado bispo de Cloyne. Publica *The Analyst; or, a Discourse Addressed to an Infidel Mathematician* (O analista; ou Discurso para um matemático infiel), obra em que ataca a certeza filosófica da matemática.

1744 Publica *Siris, A Chain of Philosophical Reflections and Inquiries Concerning the Virtues of Tar Water* (Siris, uma cadeia de reflexões e indagações filosóficas sobre as virtudes da infusão de alcatrão), que rapidamente se torna um sucesso de vendas.

1752 Deixa a Irlanda e se muda para Oxford.

1753 Morre no dia 14 de janeiro, em Oxford, onde é enterrado na capela da Christ Church.

CRONOLOGIA DA ÉPOCA DE BERKELEY

. . . .

1687 Newton publica os *Principia*, introduzindo o conceito de gravidade.

1688 A Revolução Gloriosa depõe o católico Jaime II. O protestante Guilherme de Orange é chamado da Holanda para assumir o trono inglês.

1690 Forças invasoras de Jaime II são derrotadas na Batalha de Boyne, levando a Irlanda a se tornar um protetorado do Reino Unido.

1703 Morte do memorialista Samuel Pepys.

1704 Morte de John Locke, fundador do empirismo.

1714 Jaime II é deposto. Jorge de Hanôver é convidado a se tornar o Rei da Inglaterra e sobe ao trono como Jorge I.
Morte do rei Luís XIV, o "Rei Sol", em Versalhes.

1715	Primeira Rebelião Jacobita em favor da volta do católico Jaime II.
1716	Morte do filósofo alemão Leibniz.
1720	South Sea Bubble: quebra da bolsa de ações de Londres causa pesadas perdas financeiras.
1726	Jonathan Swift publica *As viagens de Gulliver*.
1727	Morte de Newton.
1732	Nascimento de George Washington, na colônia norte-americana da Virgínia.
1735	Hogarth publica a série de gravuras conhecidas como *The Rake's Progress* (A carreira de um libertino), satirizando a vida do período.
1745	Segunda Rebelião Jacobita, liderada pelo Bonnie Prince Charlie; invasão a partir da Escócia.
1746	O exército rebelde escocês é massacrado na Batalha de Culloden.

LEITURA SUGERIDA

BERKELEY, G. *Três Diálogos entre Hilas e Philonous em oposição aos céticos e ateus*. São Paulo: Abril Cultural, 1984.
O filósofo apresenta suas idéias no modo do diálogo platônico, tornando-as mais amenas, mesmo essa forma parecendo um pouco forçada para a sensibilidade moderna.

BERKELEY, G. *Tratado sobre os princípios do conhecimento humano*, São Paulo: Abril Cultural, 1984.
Difícil de ler, mas útil para espíritos independentes que queiram alcançar um entendimento mais profundo por conta própria.

BERMAN, D. *George Berkeley: Idealism and The Man*. Oxford: Oxford University Press, 1996.
O mais próximo de uma biografia moderna.

HAUSMAN, D.B. e A. *Descartes's Legacy: Minds and Meaning in Early Modern Philosophy*. Toronto: University of Toronto Press, 1997.

Localiza o pensamento de Berkeley no contexto da revolução filosófica moderna.

JESSEPH, D.M. *Berkeley's Philosophy of Mathematics*. Chicago: University of Chicago Press, 1993.
Para quem quer explorar mais a fundo as combativas idéias de Berkeley nesse fascinante assunto.

LUCE, A.A. *The Life of George Berkeley*. Nova York: Nelson, 1949.
Ainda é a biografia consagrada, embora esteja há muito esgotada e novas informações sobre Berkeley tenham surgido desde sua publicação.

ÍNDICE REMISSIVO

CIENTISTAS
em 90 minutos

. . . .

por Paul Strathern

Arquimedes e a alavanca em 90 minutos
Bohr e a teoria quântica em 90 minutos
Crick, Watson e o DNA em 90 minutos
Curie e a radioatividade em 90 minutos
Darwin e a evolução em 90 minutos
Einstein e a relatividade em 90 minutos
Galileu e o sistema solar em 90 minutos
Hawking e os buracos negros em 90 minutos
Newton e a gravidade em 90 minutos
Oppenheimer e a bomba atômica em 90 minutos
Pitágoras e seu teorema em 90 minutos
Turing e o computador em 90 minutos